SingLiesel

Satz: Satz für Satz, Wangen im Allgäu

Druck: FINIDR, s.r.o.
Printed in Czech Republic

ISBN 978-3-944360-73-7

2. Auflage

www.singliesel.de

Bildnachweise:
Blumen: Gizele/Shutterstock.com
Cover-Foto: Ljupco Smokovski/Shutterstock.com

Natali Mallek – Annika Schneider

GESCHICHTEN ZUM ENTSPANNEN

Inhalt

Inhalt

EINFÜHRUNG

In dem vorliegenden Buch finden Sie unsere beliebtesten Geschichten zum Entspannen. Die Geschichten zum Entspannen ähneln kleinen Fantasiereisen. Sie können eine Hilfe sein, um kleine Ruhepole im Alltag zu schaffen.

Suchen Sie sich für Entspannungseinheiten, wenn es möglich ist, einen ruhigen Raum, bei dem man die Tür schließen kann. So geben Sie den Teilnehmenden die Möglichkeit, sich ohne Ablenkung voll und ganz zu entspannen. Am besten bereiten Sie einen Stuhlkreis für alle vor. Bitten Sie die Senioren, sich so angenehm wie möglich hinzusetzen und die Augen zu schließen. Wer die Augen lieber offen behalten möchte, darf das natürlich tun. Die Hände liegen locker im Schoß. Lesen Sie die Geschichte langsam vor und lassen Sie den Zuhörern ausreichend Zeit, sich in das Geschehen hineinzuversetzen. Machen Sie zwischendurch viele kleine Pausen.

Eine Entspannungsgeschichte lässt sich erfahrungsgemäß gut an Aktivierungseinheiten oder Bewegungsübungen anschließen. Auch das Gedächtnistraining bekommt dadurch einen runden Abschluss.

Viele entspannte Momente wünschen Ihnen

Natali Mallek und Annika Schneider

MARMORKUCHEN

Frieda atmet tief durch. Sie schüttelt sich ein bisschen und freut sich schon auf ihr heutiges Tagwerk. Sie hat den ganzen Vormittag Zeit, um ihren berühmten und leckeren Marmorkuchen zu backen. Wenn sie an den Marmorkuchen denkt, läuft ihr das Wasser im Mund zusammen. Frieda hat die Butter und die Eier für den Kuchen schon vor einer Weile aus dem Kühlschrank genommen. Mit ihrem Finger drückt sie ganz leicht gegen das Einschlagpapier der Butter. Die Butter gibt nach, sie hat die richtige Konsistenz.

Die Butter wandert als Erstes in die Schüssel. Dazu reibt Frieda ein bisschen Zitronenschale in die Schüssel. Der Duft des Zitronenabriebs steigt ihr in die Nase. Es riecht frisch, belebend und spritzig. Die Eier nimmt Frieda einzeln und schlägt die Schale gegen eine bereitgestellte Tasse. Die Schale der Eier macht leise „knack“, und Frieda lässt das Ei in die Schüssel zu der Butter gleiten. Das Eigelb leuchtet in einem kräftigen Orange, und das Eiweiß ergießt sich in die Schüssel. Zusammen mit dem Zucker, etwas Vanillezucker und einem Löffel Rum verrührt Frieda die Butter und die Eier zu einer wunderbar cremigen Masse. Abwechselnd gibt Frieda nun mit Backpulver gemischtes Mehl und etwas Milch in die Masse. Sie beobachtet genau, wie das Mehl als weißes Pulver auf die Masse fällt, dann vom Mixer ergriffen wird und sich mit dem Rest des Teigs vereint. Die Milch läuft in einem kleinen, zarten Strahl in die Schüssel und vermischt sich mit dem Rest, noch bevor sich eine Pfütze bilden kann.

Die große Gugelhupf-Form steht schon eingefettet und mit Paniermehl ausgestreut bereit. Langsam gießt Frieda die Hälfte des Teigs in die Form. Zu dem anderen Teil des Teiges streut Frieda nun Kakaopulver. Das Pulver legt sich auf den Teig und wird an einigen Stellen durch die Feuchtigkeit dunkler. Mit einem Holzlöffel rührt Frieda das Kakaopulver unter den Teig. Der Teig verwandelt sich mit jeder Drehung des Löffels mehr zu einem Schokoladenteig. Dann wandert auch der Schokoladenteig in die Form. Er verteilt sich und bedeckt den weißen Teig.

Frieda sucht sich eine große Fleischgabel heraus. Mit der Fleischgabel zieht sie spiralförmige Kreise durch den Kuchenteig. Auf der mittleren Schiene darf der Kuchen jetzt 60 Minuten im Ofen backen. Während der Kuchen backt, zieht ein wunderbarer Duft durch die gesamte Wohnung. Frieda genießt den süßlich aromatischen Geruch des backenden Marmorkuchens und freut sich darüber, dass der Kuchen im Ofen in die Höhe geht.

Als der Kuchen abgekühlt ist, schneidet Frieda ihn an. In einem perfekten Spiralmuster durchzieht der Schokoladenteig den Marmorkuchen. Frieda beißt ein Stück Kuchen ab. Sie lässt sich den vollmundigen Geschmack von Vanille und Kakao auf der Zunge zergehen. Genau so hat der Kuchen bei ihrer Oma früher geschmeckt. Frieda schließt die Augen und genießt.

BERGESLUFT

Atme tief durch. Such dir eine bequeme Position für deine Arme und für deine Beine. Wenn du möchtest, schließt du die Augen und kommst mit auf eine kleine Wanderung durch die Berge.

Stell dir vor, du hast heute deine bequemen Wanderschuhe angezogen. Mit viel Kraft hast du die Schnürsenkel zugebunden und spürst, wie sich deine Füße in den Schuhen ausstrecken und wohlfühlen. Der Rucksack auf deinem Rücken ist mit ausreichend Proviant bestückt. Du spürst die Gurte auf deinen Schultern. Es ist ein angenehmer Druck, und du kannst den Rucksack gut und leicht tragen. In deiner Hand hältst du einen Wanderstock. Der Stock ist geschmückt mit Wanderplaketten von zurückliegenden Wanderungen. Der Griff des Stocks liegt vertraut in deiner Hand und gibt dir die Gewissheit, den Weg meistern zu können.

Du hast dich für einen einfachen Weg den Berg hinauf entschieden. Der Weg hat eine leichte Steigung, und du nimmst dir ausreichend Zeit, ihn zu bewältigen. Ganz gemütlich setzt du einen Fuß vor den anderen. Schritt für Schritt gelangst du mit der Kraft der Beine den Berg hinauf. Der Weg ist mit einzelnen lockeren Steinen bedeckt. Am Rand des Weges wächst Gras. Bald kommst du an einer wilden Bergwiese vorbei. Du bleibst einen Moment stehen. Du atmest tief ein und genießt die frische Bergluft, die durch deine Lungen strömt. Du betrachtest die reiche Blütenvielfalt der wilden Wiese. Die Farben der Blumen strahlen um die Wette und verschmelzen zu einem bunten Fest für die Augen.

Es ist Zeit für eine kleine Pause. Du suchst dir einen großen Stein am Wegesrand und setzt dich hin. Du packst dein mitgebrachtes Brot aus und trinkst einen großen Schluck Wasser aus deiner Flasche. Das Wasser erfrischt dich, und du spürst, wie es deinem Körper neue Kraft und Energie gibt. Auch dein Brot stärkt dich. Es ist ganz frisch.

Du beschließt, deinen Weg den Berg hinauf weiterzugehen. Deine Füße tragen dich, und deine Beine bewegen sich fast wie von selbst. Bei jedem Schritt atmest du die wohltuende Bergluft ein. Die Zeit spielt keine Rolle, du kannst den Augenblick genießen und kannst die Schönheit der Natur in dich aufnehmen. Immer näher kommst du deinem Ziel. Vor dir siehst du schon den höchsten Punkt des Berges, geziert von einem Gipfelkreuz. Voller Stolz näherst du dich dem Kreuz, und als du es erreichst, breitet sich ein Lächeln auf deinem Gesicht aus. Du berührst das Gipfelkreuz mit deiner Hand und streichst darüber. Das Holz fühlt sich etwas rau an.

Von hier aus kannst du bis hinunter ins Tal blicken. Der Rest der Welt erscheint von hier oben ganz klein und ein bisschen unwirklich. Du atmest noch einmal ganz tief ein. Du erfrischst dich noch einmal an der klaren, frischen Bergluft. Du öffnest die Augen. Du fühlst dich wach, aufnahmefähig und voller Kraft.

SEEFAHRT IN DIE RUHE

Frank unternimmt heute eine kleine Bootsfahrt. Er hat sich eine dünne Jacke angezogen, denn er spürt einen leichten Wind. Der Windhauch berührt seine Haut, er lässt seine Haare ein bisschen fliegen. Frank ist froh darüber, dass er sich die Jacke übergestreift hat. Er spürt, wie der Wind gegen die Jacke pustet und fühlt sich wohlig warm und geschützt. Sein kleines Segelboot steht am Rande des kleinen Sees. Er betrachtet das Boot, betrachtet das Segel, das jetzt noch schlaff herunterhängt, und betrachtet den Schriftzug „Marina". So hat er das Boot damals getauft.

Er steigt auf sein Boot und freut sich über das vertraute Gefühl unter den Füßen. Das Boot schwankt ein kleines bisschen, und Frank genießt das sanfte Schaukeln. Er atmet noch einmal die frische Luft ein und legt ab. Der Wind ist genau richtig für eine Fahrt mit dem Segelboot über den See. Das Segel bläht sich ganz sanft. Erst kräuselt sich der Stoff des Segels ein bisschen, dann ist es gespannt und wird vom Wind in eine Richtung gedrückt.

Ganz langsam setzt sich das Boot in Bewegung, nur die Kraft des Windes treibt es vorwärts. Frank schaut hinunter auf das Wasser. Der Rumpf des Bootes liegt im Wasser, und das Wasser teilt sich genau dort, wo es den Rumpf berührt. Ganz kleine Blasen entstehen im Wasser, und Frank folgt den Blasen mit den Augen. Die Blasen entfernen sich vom Boot, werden kleiner und verschwinden dann, werden eins mit der Wasseroberfläche. Die Wasseroberfläche ist nicht still. Frank nimmt sich die Zeit, sie ganz genau zu betrachten. Kleine Wellen kräuseln sich hier. Es sieht ein bisschen so aus, als ob die Wellen Linien auf die Wasseroberfläche zeichnen. Die gesamte Oberfläche des Sees ist mit diesen kleinen Wellenlinien überzogen. Frank folgt den Linien mit den Augen, betrachtet Reihe für Reihe für Reihe und fühlt, wie sich eine unglaubliche Ruhe in ihm ausbreitet.

Jetzt setzt sich Frank auf den höchsten Punkt des Decks. Sein Blick geht weg von der Oberfläche des Wassers und hin zu der unbeschreiblichen Weite des Himmels. Der Himmel ist in ein wunderschönes helles Blau getaucht, und nur ein paar einzelne kleine weiße Wolken ziehen vorbei. Frank beobachtet die Wolken bei ihrem Weg über den Himmel und nimmt die Form jeder einzelnen Wolke ganz genau wahr. Weich sehen die Wolken aus, weich, luftig und flaumig.

Langsam steuert Frank das Boot wieder zu seinem Anlegeplatz. Er erfreut sich noch einmal an dem leichten Schaukeln des Bootes, er betrachtet noch einmal die linienförmigen Wellen, und er nimmt noch einmal die sanfte Berührung des Windes in sich auf. Dann legt Frank an. Er fühlt sich ruhig, entspannt und voller Kraft für den vor ihm liegenden Tag.

SONNTAGSESSEN

Ein angenehmer Duft von frisch angebratenen Zwiebeln zieht durch das Haus. Aus der Küche hört man das Klappern von Geschirr und das Schneiden des Küchenmessers auf dem Holzbrett. Von irgendwoher kommt Glockengeläut. Es läutet zur Mittagszeit. Es ist Punkt zwölf Uhr.

Jonathan schaut aus dem großen Fenster der Stube in den Garten. Die Sonne scheint. Er spürt ihre Wärme auf seiner Haut. Eine halbe Stunde hat er noch Zeit, dann gibt es Essen. Jonathan mag die sonntäglichen Essen zu Hause sehr. Dann sind alle da und haben Zeit für ihn.

Der Duft, der an den Sonntagen durch das ganze Haus zieht, ist für ihn etwas ganz Besonderes. Mal duftet es nach Rouladen mit Kartoffelklößen, mal nach Rostbraten mit selbstgemachten Spätzle. Am allerliebsten isst Jonathan den Sauerbraten seines Vaters. Mit Kartoffeln und Rotkohl.

Am Sonntag dürfen alle in der Stube essen. Mama deckt das gute Geschirr und das Sonntagsbesteck. Die schönen Gläser stehen auf dem Tisch, und jeder bekommt eine gebügelte Stoffserviette. Jonathan mag es sehr, von dem guten Geschirr zu essen, dann fühlt er sich fast erwachsen. Er genießt die Zeit mit Mama und Papa, Oma und Opa und seinen beiden

Brüdern. Beim Sonntagsessen wird nicht gezankt, sondern nur von den besonderen Momenten der vergangenen Woche erzählt. Jonathan isst dann immer besonders langsam. Er genießt jeden Bissen, lässt das Fleisch und die Klöße ganz langsam auf der Zunge zergehen und lauscht gespannt den Erzählungen von Oma und Opa. Die beiden haben immer etwas zu erzählen.

Jonathan schaut durch das Fenster in den Garten. Das Glockengeläut hat aufgehört. Jetzt kann es nicht mehr lange dauern. Aus der Küche kommt ein himmlischer Duft, der ihm das Wasser im Mund zusammenlaufen lässt. Ganz langsam geht er an der Küchentür vorbei und versucht, so viel von dem Duft wie möglich in sich aufzusaugen. Er öffnet die Haustür und setzt sich auf die Treppenstufen. Das macht er immer, wenn er auf Oma und Opa wartet.

Draußen ist es ruhig. Durch die gekippten Fenster der Nachbarhäuser dringt ebenfalls leises Geschirrklappern. Ab und an hört Jonathan, wie jemand den Kochlöffel am Topfrand abklopft. Er atmet einmal tief ein und aus. In ihm macht sich ein tiefes Glücksgefühl breit.

Noch lange könnte er hier sitzen bleiben, auf der Stufe vor dem Haus, im Sonnenschein unter tiefblauem Himmel. Die Geräusche aus der Küche geben ihm die Gewissheit, dass seine Eltern da sind. Der Duft, der durch die Ritzen strömt, fühlt sich sehr vertraut an. Ja, es geht ihm gut.

Jonathan atmet noch einmal tief ein und aus, er ist vollkommen zufrieden. Bis seine Großeltern kommen, wird er noch hier auf den Stufen in der Sonne sitzen und dem Klappern aus der Küche lauschen …

EIN BILD ENTSTEHT

Jakob atmet tief ein und wieder aus. Er hat sich für heute etwas ganz Besonderes vorgenommen. Er will zu seinem Lieblingsort gehen. Es ist eine Bank. Die Bank steht an einem kleinen See, und ringsherum wächst ein kleines, verwunschenes Wäldchen. Viele Stunden hat er schon auf dieser Bank verbracht und sich dabei an der Schönheit der Natur erfreut. Diesen Blick, diese Lebendigkeit, diese Ruhe und diese Vollkommenheit möchte er heute auf einer Leinwand einfangen. Es soll ein ganz besonderes Bild werden. Ein Bild von seinem Lieblingsort.

Um dieses Bild zu malen, hat er sich extra eine Staffelei gekauft. Diese Staffelei baut er jetzt andächtig und gemächlich neben seiner Bank am Ufer des Sees auf. Dann stellt er die vorbereitete Leinwand vor sich hin. Er streicht einmal mit der flachen Hand über die Leinwand. Noch ist sie ganz ebenmäßig und weiß. Jakob setzt sich auf die Bank. Er holt die Farbtuben aus seiner Tasche. Als Erstes möchte er den kleinen See malen. Auf einer Palette mischt er ein kleines bisschen grüne Farbe mit einem großen Klecks dunkelblauer Farbe. Immer wieder kreist er mit dem Pinsel durch die Farben, bis sie sich gut und gleichmäßig gemischt haben.

Nun nimmt er den Pinsel und beginnt die Oberfläche des Sees auf die Leinwand zu bannen. Strich für Strich nimmt der See Formen an. Jakob vergleicht jeden Strich auf der Leinwand mit dem echten See und nimmt sich viel Zeit, um die Vollkommenheit des Gewässers einzufangen.

Als Nächstes widmet sich Jakob den Bäumen. Die Stämme malt er in einem dunklen Erdton, und es ist erstaunlich, wie jeder Stamm seinen eigenen Charakter erhält. Immer wieder tupft er seinen Pinsel in die Farbe. Immer wieder führt er den Pinsel zur Leinwand und lässt mit gekonnten Pinselstrichen ein Kunstwerk entstehen. Jakob gelingt es, die Besonderheiten der Rinde und der Stammform jedes einzelnen Baumes einzufangen.

Für das Laub der Bäume und die vielfältige Bepflanzung des Bodens mischt er sich eine große Auswahl verschiedener Grüntöne. Die Grüntöne glänzen auf der Palette und scheinen sich darüber zu freuen, schon bald vom Pinsel erfasst und verarbeitet zu werden. Für das Laub nimmt sich Jakob ganz besonders viel Zeit. Beinahe jedes Blatt malt er einzeln und mit viel Liebe zum Detail auf die noch weißen Stellen der Leinwand. Blatt für Blatt verschwindet das Weiß.

Mit jedem Pinselstrich wirkt das Bild echter und echter. Dann hat es Jakob geschafft: Sein Lieblingsort ist nicht nur in der Realität vor ihm zu sehen. Sein Lieblingsort ist auch zu einem Bild geworden. Ein Bild, das er mit seinen eigenen Händen gemalt hat. Es ist ihm mit viel Handwerkskunst gelungen, den Zauber und die Schönheit der Landschaft einzufangen.

Jakob betrachtet noch einmal den See. Er betrachtet noch einmal die Bäume des Wäldchens. Schließlich betrachtet er auch noch einmal sein Bild. Er ist zufrieden. Er fühlt sich glücklich und erfüllt.

FRISEURBESUCH

Setz dich ganz bequem auf deinen Stuhl, und versuche eine angenehme Haltung einzunehmen. Schließ auch deine Augen, wenn du magst. Atme langsam und tief ein und aus.

Spüre in deinen Körper hinein. Leg deine Unterarme ganz locker auf deine Oberschenkel und versuche, deine Schultern zu entspannen. Sie werden ganz leicht. Atme weiter ganz ruhig ein und wieder aus. Ein und aus. Wir machen in Gedanken nun eine kleine Reise in einen Friseursalon. Stell dir einen Salon vor, in den du gerne gegangen bist, oder einen ganz anderen, in dem du dich wohlfühlst.

Du setzt dich in einen ganz gemütlichen Stuhl. Er ist weich gepolstert. Du spürst das weiche Polster in deinem Rücken, an deinen Schultern und unter deinen Oberschenkeln. Lehn dich zurück und atme einen Moment ganz ruhig ein und wieder aus. Um dich herum ist es ruhig. Du bist der einzige Kunde in dem Geschäft. Du hörst, wie jemand in aller Ruhe um dich herumgeht und ein paar Sachen aufräumt. Du fährst dir einmal mit den Fingern durch die Haare. Du spürst das Streicheln ganz sanft auf deinem Kopf. Dann sitzt du wieder ganz entspannt da und atmest ein und aus.

Du spürst, wie jemand dich ganz vorsichtig an der Schulter berührt und dir einen Umhang anlegt. In deinem Nacken spürst du ein kleines, weiches Handtuch. Es fühlt sich angenehm an. Nun kämmt jemand ganz sachte deine Haare. Du spürst die weichen Borsten auf deiner Kopfhaut. Es fühlt sich angenehm an. Behalte dieses Gefühl für einen Moment, und atme ganz ruhig ein und aus.

Du lehnst deinen Kopf zurück und spürst den Rand des Waschbeckens in deinem Nacken. Du rückst deinen Kopf so zurecht, dass es für dich bequem ist. Nach einer Weile bemerkst du das warme Wasser, das über deinen Kopf läuft. Erst ein wenig, dann ein bisschen mehr. Das Gefühl ist sehr angenehm. Deine Augen sind geschlossen. Du konzentrierst dich voll und ganz auf das Wasser, das sachte deinen Kopf berührt. Das Wasser wird ausgestellt. Du spürst, wie jemand Shampoo in deine Haare einmassiert. Erst vorsichtig, dann ein wenig kräftiger. Auch die Massage fühlt sich gut an. Du genießt die kreisenden Bewegungen

- an deinen Schläfen …
- über der Stirn …
- und an deinem Hinterkopf.

Du atmest weiter ganz ruhig ein und aus. Die Massage neigt sich nun dem Ende zu. Nach einer kurzen Pause spürst du wieder das angenehm warme Wasser auf deiner Kopfhaut.

Für eine Weile genießt du dieses entspannende Gefühl. Bis auch das Wasser immer weniger wird ... Jemand legt ein weiches Handtuch über deine Haare und trocknet sie vorsichtig ab. Du setzt dich wieder gerade in deinen Stuhl. Damit dein Kopf schön warm bleibt, wird dir das weiche Handtuch vorsichtig umgebunden.

Du atmest noch einmal tief ein und aus. Du denkst noch einmal an die angenehme Massage und das beruhigende Wasser. Du spürst gedanklich dorthin, wo dein Körper sich am meisten entspannt hat. Wenn du magst, kehre von unserem Friseurbesuch zurück und öffne deine Augen...

Du fühlst dich ausgeruht, wach und entspannt.

DER HIMMEL VOLLER STERNE

Anna lag in ihrem Bett und konnte einfach nicht einschlafen. Zu aufregend war der Tag gewesen. So viel war passiert. Sie hatte mit so vielen Menschen gesprochen. Es gab so viele Dinge, die sie noch erledigen musste. Niemals würde sie das alles schaffen. Die Gedanken zogen Kreise in ihrem Kopf. Wieder und wieder und wieder. Abschalten musste sie, wenn sie morgen mit klarem Kopf aufstehen wollte. Aber wie? Wie schaffte man das, wenn es doch so viele Dinge zu erledigen gab?

Ihr Blick glitt durch den Raum. Sie versuchte, ihre Gedanken auf Belanglosigkeiten zu lenken. Ihr Blick schweifte zu dem Wäschekorb auf der Kommode. Wieder eine Sache mehr, die sie morgen noch würde erledigen müssen. Wäsche waschen. Anna stand auf. Sie nahm den Wäschekorb von der Kommode und stellte ihn in den Flur. So musste sie ihn wenigstens nicht sehen. Dann schloss sie die Schlafzimmertür und nahm sich fest vor, alle quälenden Gedanken zusammen mit der Wäsche draußen zu lassen. In ihrem Schlafgemach hatten sie nichts zu suchen.

Vorhin hatte sie das Rollo heruntergelassen. Nun kam ihr das Schlafzimmer ein bisschen beengt vor. Sie ging zum Fenster und zog das Rollo wieder hoch. Wie schön der Himmel aussah. Das Pechschwarz der voranschreitenden Nacht wirkte edel. Sterne tauchten den Himmel in einen ganz besonderen Glanz. Wie viele es wohl waren? Anna fing an zu zählen: 1, 2, 3, 4, 5, 6, 7 … beim dreißigsten Stern gab sie auf. Zu vielfältig war das Leuchten der Nacht. Wie viele Sterne es waren, war ja eigentlich egal.

Wunderschön hell und klar leuchteten die „Himmelsbewohner" und schienen einen Wettbewerb darum zu veranstalten, welcher unter ihnen wohl der Schönste war. Und welcher war der Schönste? Anna ließ das Rollo oben, legte sich wieder ins Bett und kuschelte sich in ihre warme, weiche Decke. Der kleine dort, der winzige Stern ganz oben links – der gefiel ihr am besten. Es war keiner von den hell strahlenden Angeber-Sternen. Es war ein Stern, der still, zufrieden und sorgsam seinen Dienst tat. Seine Kräfte teilte sich der kleine Stern gut ein. Er tat nur das, was ihm auch guttat. Er musste nicht um die Wette strahlen. Er hatte genug Selbstbewusstsein, um gut für sich selbst zu sorgen.

Anna schloss die Augen. Der kleine Stern begleitete sie in ihre Träume.

BADEWANNE

Stell dir vor, du liegst gemütlich in einer Badewanne mit warmem Wasser. Deine Augen sind geschlossen. Nichts und niemand kann dich gerade stören. Du kannst alle Gedanken des Alltags für einen Moment zur Seite schieben und dich in der Wärme des Wassers vollkommen entspannen.

Du merkst, wie gut dir die Wärme tut. Deine Gelenke werden nach und nach immer lockerer, sodass du sie ganz leicht und ohne Mühe bewegen kannst. Du spürst, wie deine Füße langsam angenehm warm werden. Die Wärme durchströmt ganz behutsam deinen Körper. Sie wandert von den Füßen in deine Waden und dann über die Knie in deine Oberschenkel. Du bewegst deine Zehen im Wasser – bewegst sie langsam zu dir hin und wieder weg. Die Bewegungen im Wasser tun dir gut.

Die Wärme verteilt sich nun langsam über deinen Rücken und zieht nach vorn in Richtung deines Bauchnabels. Deine Arme liegen ganz entspannt neben deinem Körper im Wasser. Du spürst, wie du ihr Gewicht an das Wasser abgeben kannst und wie sie ganz leicht werden. An deinen Oberarmen merkst du, wie sich das Wasser in der Badewanne leicht bewegt. Du konzentrierst dich einen Moment lang nur auf diese Bewegungen. Du spürst, wie sich die Wasseroberfläche auf und ab bewegt.

Deine Finger sind ganz vom warmen Wasser umhüllt. Du bewegst sie ein wenig hin und her. Dann schließt du die Hände zur Faust und bleibst für einen Moment in dieser Position. Nach einer Weile öffnest du die Handflächen wieder. Du hältst einen Moment inne und konzentrierst dich ganz auf deine Hände. Du spürst, wie sich das Wasser auch um deine Finger bewegt. Langsam und harmonisch schmiegt es sich an deine Haut.

Dein Körper ist vollkommen entspannt. Deine Arme und deine Beine liegen ganz locker im Wasser und sind fast schwerelos. Deine Schultern werden immer leichter. Es gelingt dir, auch ihr Gewicht an das Wasser abzugeben. Du lässt dich vollkommen tragen und kannst alles um dich herum für einen Augenblick vergessen.
Du atmest tief ein und aus und spürst, wie dir das Atmen von Mal zu Mal leichter fällt. Bei jedem Atemzug hebt und senkt sich dein Brustkorb im Wasser. Vielleicht spürst du diese Bewegungen, die das Wasser dabei macht, auch auf deiner Haut. Deinem Körper geht es gut, du fühlst dich in dem Wasser unbeschwert und geborgen.

Bleib noch für einen Moment in der angenehmen Wärme und lass dich von dem Wasser tragen. Wenn du so weit bist, öffne ganz langsam deine Augen. Du fühlst dich ausgeruht, zufrieden und entspannt. Und du hast neue Kraft für deinen Tag gesammelt.

WARM UND GEBORGEN

Laura hatte kalte Füße – wie immer, wenn sie ins Bett ging. Ihre kalten Füße störten sie besonders an Abenden, an denen sie einfach nicht einschlafen konnte. Und das kam leider in letzter Zeit immer häufiger vor. Noch spät kreisten ihre Gedanken um das, was sie am Tag erlebt hatte, was sie sich vorgenommen hatte, welche Aufgaben sie geschafft und nicht geschafft hatte, und auch um das, was für den kommenden Tag in ihrem Terminkalender stand.

An solchen Abenden nahm Laura sich immer eine heiße Tasse Tee mit ans Bett – in der Hoffnung, ihre Füße so „von innen" wärmen zu können. Sie nahm kleine Schlucke und spürte, wie der Tee langsam erst ihren Hals und dann ihren Bauch wärmte. Aber auch nach der zweiten Tasse kam die Wärme nicht an ihren Füßen an.

Laura zog ihre Bettdecke ein wenig mehr hoch, sodass sie fast ihre Ohren bedeckte – so wurden diese wenigstens nicht auch noch kalt. Mit angezogenen Beinen lag sie so einige Minuten auf der rechten, dann auf der linken Seite. Die Füße aber blieben kalt. Nach weiteren 15 Minuten dachte sie sich, dass sie auch etwas Sinnvolles machen könnte, wenn sie schon nicht einschlafen konnte. Und ihr fiel der Schal ein, den sie vor einigen Monaten zu stricken begonnen hatte.

Sie musste nicht lange suchen, fand die Wolle und die Stricknadeln, setzte sich, in ihre Decke eingekuschelt, wieder in ihr Bett und begann zu stricken.

Laura spürte die weiche Wolle durch ihre Finger hindurchgleiten. Und sogleich wurden die Finger wohlig warm. Sie fand das weiche Gefühl auf der Haut wunderschön, und nach kurzer Zeit spürte sie, wie die Wärme, die von der Wolle ausging, sich über ihre Arme im ganzen Oberkörper verteilte. Laura hielt einen Moment inne und merkte, wie die vielen Gedanken in ihrem Kopf weniger wurden.
Sie spürte, wie sie sich entspannte – wie ihre Muskeln sich entspannten, wie ihre Arme schwerer wurden und wie sich ihre Beine an die Matratze anschmiegten. Ein warmes, zufriedenes Gefühl umgab sie mit einem Mal.

Laura legte sich den fertig gestrickten Teil ihres Schals auf den Bauch und legte die Arme darauf ab. Sie atmete dreimal, viermal tief ein und aus und spürte, wie ihr Kopf schwerer und schwerer wurde. Angelehnt an ihr weiches Kissen bemerkte sie noch, wie die Wärme der Wolle sie nun vollständig umgab. Sogar ihre Füße waren warm geworden.

Warm und geborgen schlief sie entspannt ein …

SEIDENBLUSE

Stell dir vor, du stehst in einem gemütlich eingerichteten Zimmer. Draußen ist es schon dunkel. Der Raum ist in ein warmes Licht gehüllt. Auf den Fensterbänken stehen Kerzen. Du bleibst einen Moment lang stehen und beobachtest, wie sich ihre kleinen Flammen ganz leicht in der Luft bewegen. Du schaust dich langsam um. Der Raum gefällt dir, du spürst, dass du gerne hier bist.

Während du dich umsiehst, bemerkst du an einer Wand des Zimmers einen Kleiderschrank. Ganz unscheinbar steht er da, er wäre dir fast gar nicht aufgefallen. Langsam gehst du zu dem Schrank und schaust, ob du ihn öffnen kannst. Der Schrank ist nicht verschlossen. Vorsichtig öffnest du seine Türen. An einer langen Kleiderstange hängen die schönsten Kleidungsstücke. Du spürst, wie dein Herz aufgeht bei all den schönen Stoffen. Ganz behutsam schaust du dir einige der Kleidungsstücke an. Dabei gleiten deine Finger ganz langsam von Stoff zu Stoff. Es fühlt sich gut an.

Als deine Hände einen ganz weichen Stoff berühren, hältst du inne. Du schiebst die anderen Sachen ein wenig zur Seite und erkennst eine wunderschöne helle Seidenbluse. Ihr Stoff glänzt ein wenig in dem warmen Licht. Vorsichtig streichst du mit deiner linken Hand über den langen Ärmel. Er ist unglaublich weich. Du zögerst. Ob du die Bluse wohl anprobieren darfst? Du hältst sie ins Licht und siehst dir den wunderbar glatten Stoff an. Du musst sie einfach einmal anziehen. Vorsichtig öffnest du die mit Stoff bezogenen Knöpfe. Die Bluse lässt sich leicht öffnen. Es fühlt sich gut an, wie der Stoff durch deine Hände gleitet. Behutsam streifst du die Bluse über den rechten Arm. Dann über den linken. Du bekommst eine ganz leichte Gänsehaut, so schön fühlt es sich an. Nach und nach schließt du die Knöpfe und gehst langsam zu dem Spiegel an der Wand. Du schaust dich an. Dein Spiegelbild in dem warmen Licht des Raumes gefällt dir sehr. Du spürst, wie wohl du dich in der Bluse fühlst.

Ganz vorsichtig streichst du immer wieder mit den Händen über den glatten Stoff. Auf deinen Schultern und Armen spürst du ihn kaum, so leicht ist er. Du gehst langsam durch den Raum und setzt dich in den Sessel, der neben dem Fenster steht. Auch er ist ganz weich und gemütlich. Du machst es dir bequem. Du spürst, wie dein Atem immer ruhiger wird und wie du dich entspannst. Die Arme legst du locker in den Schoß. Deine in die Seidenbluse gehüllten Schultern werden ganz leicht.

Du schaust dir noch einmal die kleinen Flammen der Kerzen auf der Fensterbank an. Sie bewegen sich immer noch ganz sacht. Du fühlst eine tiefe innere Ruhe in dir. Der helle Seidenstoff, der dich umhüllt, verleiht dir eine angenehme

Sicherheit, die alle Anspannungen löst. Einen Moment lang schließt du die Augen und atmest tief ein und aus. Du bist vollkommen zufrieden und entspannt. Und du fühlst dich in diesem Augenblick gerade sehr wohl …

WENN DER TAG BEGINNT

Stell dir vor, du stehst mitten auf einem kleinen Marktplatz. Um dich herum ist es ganz ruhig. Es sind außer dir noch keine Besucher auf dem Markt, nur die Stände wurden dort schon aufgebaut. Du drehst dich langsam auf der Stelle und betrachtest die üppig gefüllten Auslagen.

In der Ferne hörst du ein leichtes Kistenklappern, danach ist es wieder ganz ruhig. Du spürst eine leichte Brise auf der Haut. Es duftet nach Frühling und frischem Obst. Langsam näherst du dich dem Obst- und Gemüsestand. Die kräftigen Farben faszinieren dich. Du siehst ein leuchtendes Rot, kräftiges Gelb, ein dunkles Violett, frisches Grün und tiefes Blau. Du schaust dir die Farben in aller Ruhe nacheinander an.

Gemütlich gehst du an dem Stand entlang und entdeckst die Kartoffeln. Sie riechen nach frischer Erde, und du hast fast das Gefühl, als würdest du inmitten eines Kartoffelackers stehen. Vorsichtig streichst du über ihre Schalen. Sie sind ganz gleichmäßig gewachsen und nur ein klein wenig rau. Du schließt deine Augen und nimmst nur noch den Duft der frischen Erde wahr. In der Ferne hörst du Vogelgezwitscher und ein leises Gemurmel. Die Händler scheinen sich irgendwo auf eine Tasse Kaffee getroffen zu haben.

Du öffnest deine Augen wieder und schlenderst ganz gemütlich zwischen den Ständen hindurch. Der Fisch am Fischstand liegt auf leuchtend weißem Eis. Er ist so frisch, dass man ihn kaum riecht. Du nimmst dir ein wenig Zeit, um die verschiedenen Sorten zu betrachten. Eine leichte, kühle Brise weht zu dir herüber. Du gehst weiter in Richtung der großen Käselaibe. Nach dem weißen Eis beim Fisch kommt dir das strahlende Gelb des Käses noch viel leuchtender und intensiver vor als sonst. Auch der Duft ist viel kräftiger.

Auf der Auslage liegen ein paar gewürfelte Käsestückchen. Du nimmst dir ein Stück und probierst davon. Der Käse zergeht in deinem Mund und schmeckt dir sehr gut. Auf deinem Weg über den Marktplatz kommst du nun am Blumenstand vorbei. Eine Frau ist gerade dabei, die Schnittblumen ganz vorsichtig in die Vasen zu stellen. Du stehst vor einem riesigen Blumenmeer. Bewundernd betrachtest du die vielen verschiedenen Blüten. Es duftet herrlich!

Die Frau kommt nun langsam zu dir und streckt dir eine Rose entgegen. Du bedankst dich mit einem Lächeln. Die Frau lächelt zurück und geht wieder in aller Ruhe zurück zu ihren Blumen. Du schnupperst an den Blüten. Sie kitzeln deine Nase.

Du schaust dich noch einmal auf dem Marktplatz um. Die Frühlingssonne wärmt deine Haut, und langsam bemerkst du, wie es auf dem Markt lebendiger wird. Du gehst noch einmal an dem Blumenstand vorbei und verabschiedest dich von der Frau.

Deine Blume hältst du fest in der Hand. Du atmest noch einmal tief ein und dann ganz langsam aus. Du fühlst dich erfrischt, ausgeruht und zufrieden. Du hast viel Kraft für den Tag gesammelt.

FRÜHLINGSBOTEN

Sobald sich die ersten Sonnenstrahlen im März zeigen, geht Rolf hinaus in den Wald und genießt die frische Frühlingsluft. Er zieht dann seine leichte Jacke an und lässt den dicken Wintermantel an der Garderobe hängen. Einen Schal nimmt er dennoch mit – besonders jetzt zum Frühlingsanfang kann bisweilen noch ein kühles Lüftchen wehen.

Rolf schließt die Haustür hinter sich und schaut nach oben. „Blauer Himmel!“, staunt er. „Wann hab ich das zum letzten Mal gesehen? Der Winter kann einem aber auch ganz schön die Laune vermiesen!“, murmelt er noch vor sich hin und geht dann los.

In den Gärten, an denen er vorbeigeht, blühen schon die ersten Krokusse. Und auch einige Narzissen recken ihre Köpfchen der Sonne entgegen. Rolf bestaunt die frischen Farben und das saftige Grün, das im Licht der Sonne viel kräftiger aussieht. Von Weitem sieht er schon die ersten Bäume am Waldesrand stehen. Ihre Blätter wiegen sich leicht im Wind. Je näher er kommt, desto frischer fühlt sich die Luft an. Gut, dass er seinen Schal mitgenommen hat.

Im Wald ist es ruhig. Die Sonnenstrahlen bahnen sich ihren Weg durch die Äste der Bäume bis auf den Waldboden. Ab und zu hört Rolf einen Vogel zwitschern, hier und da klopft ein Specht. Es liegt noch Laub vom letzten Herbst auf den Wegen. Dort, wo normalerweise Wanderer und Spaziergänger entlanglaufen, ist es schon ganz platt getreten. Aber unter den Bäumen und abseits der Wege raschelt noch das ein oder andere Blatt, wenn ein Eichhörnchen darüberläuft. So hört Rolf immer wieder neue Geräusche, denen er in der Stille des Waldes nachgehen kann. Rolf mag diese natürliche Ruhe. Hier hört man nur die Tiere, die sich hin und wieder zu Wort melden oder flink zwischen den Bäumen hindurchflitzen. Keine Autos, keine Straßenbahnen, keine Flugzeuge und keine anderen lauten Geräusche.

Auf einer Lichtung macht er Pause und setzt sich auf einen Baumstumpf in die Sonne. Es riecht wahrhaftig nach Frühling! Und auch hier entdeckt Rolf erste Frühlingsblumen, deren grüne Blätter schon aus der Erde und zwischen dem Gras hervorschauen. Eine ganze Weile sitzt er so da und schaut in die Ferne. Als später ein Reh ganz gemächlich über die Lichtung läuft, wagt Rolf sich kaum noch zu bewegen. Gespannt hält er den Atem an, bis das Reh wieder in den Wald hineinspaziert.

„Ja, nun ist endlich Frühling!“, denkt er und macht sich gemütlich und so zufrieden wie schon lange nicht mehr auf den Heimweg …

ROSEN

Anne spürt, wie sich der Kies unter ihren Schuhsohlen bewegt. Und sie mag das Geräusch, das die kleinen Steinchen unter ihren Füßen machen. Die Luft ist lauwarm. Anne spürt die warmen Sonnenstrahlen auf ihren Unterarmen. Sie empfindet die Wärme als sehr angenehm. Gemütlich geht sie weiter den Kiesweg entlang. Der Himmel ist strahlend blau. Sie kann einige zarte Wölkchen erkennen, die ganz friedlich ihres Weges ziehen.

Der Kiesweg führt sie durch einen Rosengarten. Es duftet herrlich. Links und rechts des Weges stehen Rosenstöcke in Hellrosa. Ihre Blüten sind gerade aufgegangen oder zum Teil sogar noch geschlossen. Die Farben sind noch ganz frisch, und die Blüten wirken wie gemalt. Anne bleibt einen Moment lang stehen und schaut sich einige Blüten aus der Nähe an. Sie spürt, wie ihr diese wunderschönen Blumen ein Lächeln ins Gesicht zaubern. Ganz behutsam nimmt sie eine der rosafarbenen Blüten in die Hand und schnuppert daran. Dabei versucht sie, so viel wie möglich von dem Duft in sich aufzusaugen.

Anne fühlt sich sehr wohl zwischen all den Blumen. Sie spürt eine tiefe innere Zufriedenheit und atmet mehrere Male tief ein und aus. Ein und aus – ein und aus. Die frische Luft erfüllt sie mit Leben, sie hat das Gefühl, dass sie lange nicht so unbeschwert war. Ihre Schultern werden mit jedem Schritt durch den Rosengarten immer leichter. Auch die Arme schwingen ganz locker neben ihrem Körper hin und her. Sie spürt, wie sie sich mehr und mehr entspannt.

Der Kiesweg führt Anne an vielen schönen und wunderbar duftenden Rosen vorbei. Sie blühen in allen Farben. Anne geht zwischen hellroten Strauchrosen hindurch, vorbei an lachsfarbenen Kletterrosen und durch ein Blütenmeer in strahlendem Weiß. Ab und an streichelt sie ganz sanft die zarten Blätter, als würde sie die Rosen begrüßen wollen. Sie genießt ihre Begegnungen mit der Natur in vollen Zügen.

Bis auf die Geräusche, die die kleinen Kieselsteine machen, ist es angenehm ruhig in dem Rosengarten. Es sind noch nicht viele Menschen unterwegs, die prächtigen Rosen blühen fast ganz allein für Anne. Ab und zu hört sie eine Biene oder eine Hummel brummen. Ansonsten ist es still um sie herum. In der Ferne sieht Anne einen Laubengang. Dort reiht sich ein Rosenbogen an den nächsten. Die Rosenbögen sind komplett mit dunkelroten Rosen bewachsen. Aus der Ferne sehen die Blüten aus, als hätte sie jemand aus Samt genäht. Langsam nähert sich Anne diesem schönen Bild. Je näher sie dem wunderschönen Blütenmeer kommt, desto verzauberter ist sie von seinem Anblick. Voller Ehrfurcht tritt sie unter die Rosen und fühlt sich dort unglaublich wohl. Es scheint so, als bildeten die Rosen ein schützendes Dach über ihrem Kopf. Ein Ort, an dem sie sich sicher und geborgen fühlen kann.

Voll tiefer innerer Zufriedenheit schaut Anne in den Himmel aus Rosen über sich. Zwischen den Blättern blinzeln hier und da ein paar Sonnenstrahlen hindurch. Sie fühlt sich sicher und entspannt …

ERDBEERTRÄUME

Stell dir vor, du bist ein Marienkäfer und machst einen Spaziergang durch einen Garten. Du krabbelst durch die zarten Grashalme, die so viel größer sind als du selbst. Vorsichtig streichst du sie zur Seite und ebnest dir deinen Weg über die saftig grüne Wiese.

In der Ferne kannst du ein Ende des Grashalm-Dickichts erblicken. Die Sonne blitzt zwischen den Halmen hervor und kitzelt dich an deiner Nase. Du läufst der Sonne entgegen. Am Ende des Rasens hast du endlich wieder freie Sicht. Du hast die hohen Grashalme hinter dir gelassen. Du blickst dich noch einmal um und krabbelst dann weiter über einen warmen, grauen Stein. Auf dem Stein hat sich eine kleine Pfütze mit Regenwasser gebildet. Du krabbelst langsam an das Wasser heran und erfrischst dich an dem kühlen Nass.

Vor dir liegt nun dunkle Erde, die herrlich frisch duftet. Du wagst dich langsam an die braunen Klümpchen heran. Sie sind ganz weich. Ermutigt krabbelst du über die weiche Erde. Ein wenig sinkst du mit deinen kleinen Beinchen ein. Aber nur so viel, dass du angenehm laufen kannst.

Als es schattig wird, schaust du langsam nach oben. Über dir strahlt ein kräftiges Rot am Himmel. Was kann das nur sein?

Die kleinen gelben Körnchen erinnern dich an etwas – du stehst unter einer prallen, knallroten Erdbeere. Erst jetzt nimmst du den süßlichen Duft von Erdbeeren wahr und möchtest am liebsten sofort hineinbeißen. Dir läuft das Wasser im Munde zusammen.

Du setzt dich entspannt unter die Erdbeere in die weiche Erde und betrachtest das frische Rot. Während du dort sitzt, wandert die Sonne langsam weiter und wärmt nun deine Beine. Von unten siehst du einen Schmetterling, der sich auf die Blätter der Pflanzen setzt. Auch er kommt dort einen Moment zur Ruhe …

Du verabschiedest dich langsam von der Erdbeere. Du schaust dir den Schmetterling noch einmal genau an. Dann verabschiedest du dich auch von ihm.

Du atmest einmal tief ein und aus. Du fühlst dich ruhig, ausgeruht und entspannt.

HONIG-LUST

Marina sitzt auf ihrer Terrasse und lässt sich von der Sonne verwöhnen. „Endlich Urlaub …“, denkt sie, während sie die Beine auf der Liege ausstreckt. Sie schließt die Augen und atmet langsam ein und wieder aus. Sie spürt, wie gut die Luft ihrem Körper tut.

Marina legt die Hände auf ihren Bauch. Sie spürt, wie sich ihre Bauchdecke langsam bewegt, wenn sie ganz ruhig ein- und dann wieder ausatmet. Ein und aus …

Sie lässt die Hände ganz entspannt auf ihrem Bauch liegen. Die Sonne legt sich angenehm über ihre Arme, Beine und auch ihr Gesicht. Das helle Licht tut ihr gut. So lange hatte sie auf die Sonne gewartet und sich nach einem Nachmittag auf der Terrasse gesehnt. Sie genießt diesen Moment in vollen Zügen.

Während sie so daliegt und sich von der Sonne wärmen lässt, kann sie ganz genau hören, wie die Bienen und die kleinen Käfer im Garten herumfliegen. In der Ferne hört sie das leise Brummen eines Rasenmähers. Das stört sie jedoch nicht. Marina lässt sich von nichts aus der Ruhe bringen. Sie genießt den leichten Wind um ihre Nase, den Duft der Blumen und das Summen der Bienen. Zufrieden atmet sie noch

einmal tief ein und dann wieder aus. Ja, so fühlt sich der Sommer an …
Marina öffnet langsam die Augen.

Auf dem Tisch neben ihr steht eine Schale mit frischem Obstsalat. Daneben eine Schale mit Quark und ein großes Glas Wasser. Marina richtet sich von ihrem Liegestuhl auf und trinkt einen Schluck Wasser. Es fühlt sich herrlich frisch an, wie das kühle Wasser durch ihren Hals gleitet.

Neben dem Quark steht ein Glas mit hellem, goldenem Honig. Schon die ganze letzte Woche hat sie sich auf den frischen Honig gefreut. Im Sommer isst sie ihn nämlich am liebsten – mit Quark und Obst. Marina führt ganz langsam ihren kleinen Löffel in das Honigglas. Vorsichtig zieht sie ihn wieder heraus und beobachtet, wie der goldglänzende Honig langsam in das Glas zurückläuft. Im Sonnenlicht glänzt er noch viel schöner. Marina beobachtet den Honig noch eine ganze Weile.

Schließlich taucht sie den Löffel nochmals in das Glas, hebt ihn heraus und lässt den Honig vom Löffel gleichmäßig auf ihren Quark laufen. Die goldenen Fäden legen sich auf die helle Oberfläche. Ganz in Gedanken wartet sie, bis fast der letzte Tropfen Honig vom Löffel geträufelt ist. Dann leckt sie den Löffel genüsslich ab. Sie spürt, wie sich die sanfte Süße des Honigs in ihrem Mund verteilt. Ein paar Sekunden sitzt sie ruhig da und genießt den Moment. Um sie herum hört sie immer noch das friedliche Summen der Bienen, die emsig um die Blüten der Sommerblumen schwirren.

Marina atmet ganz ruhig ein und wieder aus. Es duftet nach Sommer. Sie fühlt sich wohl, ausgeruht und entspannt …

BIENENGESUMM IM SOMMER

Stell dir vor, du sitzt auf deiner Terrasse und hast es dir in einem Liegestuhl bequem gemacht. Deine Augen sind geschlossen. Es umgibt dich ein Hauch von warmer Sommerluft.

Es duftet nach frischen Sommerblumen. In der Nacht hat es geregnet. Nun können die Blumen wieder ihre volle Pracht entfalten. In der Ferne hörst du ein paar Bienen, die sich an dem frischen Nektar erfreuen.

Du liegst ganz entspannt in deinem Liegestuhl. Du spürst das weiche Polster unter deinen Schultern …, deinen Armen … und deinem Rücken. Du atmest ruhig ein und aus. In deinen Gedanken öffnest du nun langsam die Augen und schaust dich in deinem Garten um. Die vielen Blumen blühen in den herrlichsten Farben. Sie leuchten in der Sonne und versprühen ihre Kraft.

Die Bienen, die um sie herumschwirren, wirken friedlich. Sie lassen sich in der warmen Luft treiben – von Blüte zu Blüte. Ganz ruhig sammeln sie ihren Nektar. Immer wieder trägt der Wind ein leises Summen an deine Ohren. Du hörst ganz entspannt zu. Es geht dir gut in deinem Garten.

Neben dir steht ein Glas mit kaltem, frischem Wasser. Du nimmst einen Schluck aus dem Glas und spürst, wie das Wasser dich erfrischt. Es tut dir gut. Du schaust noch einmal den Bienen zu, wie sie um die vielen bunten Blüten herumschwirren. Dann schließt du wieder die Augen.

Du atmest ruhig ein und aus. Du spürst, wie sich dein Körper immer mehr entspannt. Auf der gemütlichen Liege kannst du dich sicher fühlen. In der Ferne hörst du das vertraute leise Summen der Bienen.

Langsam kehrst du zurück von dem Ausflug in deinen Garten. Du stellst dir noch einmal vor, wie die Bienen friedlich um die herrlichen Blüten herumschwirren. In Gedanken nimmst du die kräftigen Farben der Blumen mit …

Du verabschiedest dich von deinem Garten, von den Blumen und den Bienen. Du atmest noch einmal tief ein und aus. Wenn du bereit bist, komm zurück und öffne deine Augen. Du fühlst dich erfrischt ausgeruht und entspannt.

ANNA AUF DEM WEG ZUM STRAND

Anna spürte die warme Sonne auf ihren Unterarmen. Es war richtig warm geworden. Sie hatte gerade die leichte Jacke ausgezogen und locker um ihre Hüften gebunden. Anna hielt die Nase in den Wind und atmete einmal tief ein und wieder aus.

Sie stand oben in den Dünen und schaute hinunter auf den hellen Sandstrand. Der Wind trug das Rauschen der Wellen bis zu ihr nach oben auf die Dünen. Anna war die lange Promenade zu Fuß hochgelaufen. Nun spürte sie, wie ihr Atem langsam wieder ruhiger wurde. Ihr Körper fühlte sich nach der Bewegung gut an. Ihre Muskeln waren warm und gelockert. Sie fühlte sich wunderbar erfrischt.

Anna ging ein Stück zurück und setzte sich auf eine Bank. Sie zog ihre Schuhe aus und streifte sich die Socken von den Füßen. Der Asphalt unter ihren Füßen war angenehm warm. Sie setzte ihren Gang barfuß fort. Eine paar Meter weiter ging ein Weg durch die Dünen hinunter zum Sandstrand. Sie folgte ihm. Mit nackten Füßen lief sie über große Kieselsteine, die fest in den Boden eingelassen waren. Auch sie waren ganz warm und fühlten sich angenehm glatt an.

Anna versuchte, immer den ganzen Fuß auf einen Stein zu setzen, um seine Oberfläche unter den Fußsohlen zu spüren. Sie war so damit beschäftigt, dass sie überrascht war, als der Weg zu Ende ging. Sie war im Sand angekommen. Annas Füße waren von vielen feinen Sandkörnchen bedeckt. Der Sand war etwas kühler als die Steine und der Asphalt vorher. Sie empfand das als sehr angenehm und bewegte ihren rechten Fuß sachte durch den feinen, lockeren Sand.

Sie spürte ihn zwischen den einzelnen Zehen und unter den Fußsohlen. Er kitzelte ein wenig. Langsam ging sie durch den Sand geradeaus in Richtung Meer. Wieder legte sich die Wärme der Sonne auf ihre Haut. Sie spürte sie auf beiden Armen, den Wangen und auf den Schultern. Der Wind strich ihr seicht übers Haar.

Vor ihr lag die unendliche Weite des Meeres. Je näher sie ans Wasser kam, umso deutlicher hörte sie das Wellenrauschen. Schließlich blieb sie stehen und schaute aufs Meer hinaus. Eine angenehme Luft umgab sie. Unter ihren Füßen spürte sie den warmen, weichen Sand. Von irgendwoher hörte sie das Kreischen einer Möwe, das der Wind zu ihr herantrug.

Anna war ganz und gar zufrieden. Sie fühlte sich frisch, frei und entspannt …

AUF DER GRÜNEN WIESE

Stell dir vor, du liegst auf einer grünen Wiese. Deine Augen sind geschlossen. Der Boden unter dir fühlt sich bequem an, und du atmest ruhig ein und aus.

Unter deinen Armen spürst du das weiche Gras. Mit deinen Händen streichelst du ganz vorsichtig darüber. Es kitzelt ein wenig in deinen Handflächen. Die Sonne scheint. Du spürst die Wärme in deinem Gesicht. Auf deine Wangen legt sich ein wohliges Gefühl.

Irgendwo in der Ferne hörst du Kinder, die fröhlich spielen. Sie lachen und erzählen sich etwas. Zwischendurch hörst du, wie ein Ball geschossen wird. Einige der Kinder scheinen Fußball zu spielen.
Dann konzentrierst du dich wieder ganz auf dich selbst. Ein leichter Wind weht über deine Stirn. Er ist angenehm kühl. Du atmest ruhig ein und aus.

Du spürst, dass du langsam müde wirst. Deine Augen bleiben zu und sind dabei ganz entspannt. Es fühlt sich gut an, wie du jetzt liegst.

Die angenehm warme Luft um dich herum duftet nach Sommer. Nach frischem Gras, nach Sonnenmilch, und – du riechst es ganz deutlich – irgendwo in der Nähe liegt eine Bratwurst auf dem Grill. Du stellst dir vor, wie die Kinder in freudiger Erwartung ihrer Grillwurst auf der Wiese herumtoben. Und wie ihre Mutter einen reichlich und bunt gedeckten Tisch herrichtet.

Langsam wird es ruhiger um dich herum. Das Einzige, was du noch hörst, ist das leise Plätschern eines kleinen Baches in der Nähe deiner Wiese. Du konzentrierst dich ganz auf dieses Plätschern. Du atmest ein und du atmest aus.

Du fühlst dich beruhigt und entspannt. Deine Gedanken sind ganz bei dir. Wenn du so weit bist, öffne langsam deine Augen und kehre zurück von deinem kleinen Ausflug auf die grüne Wiese ...

SCHWIMMEN

Wie ein Fisch gleitet sie durchs Wasser. Maria spürt, wie jeder Zentimeter ihrer Haut von Wasser umgeben ist. Sie fühlt sich sehr wohl dort. Die Bewegungen tun ihr gut. Ganz bewusst achtet sie darauf, wie es sich anfühlt, wenn sie die Arme vor sich ausstreckt und dann mit einer weiten Bewegung nach außen führt, um mit jedem Schwimmzug weiter durch den kleinen See zu gleiten. Im Wasser ist alles so leicht, ihre Muskeln entspannen sich, die Gelenke werden beweglicher, und Maria genießt die gleichmäßigen Bewegungen in vollen Zügen.

Hier im Wasser kann sie abschalten. Wenn Maria ihre ersten Runden gedreht hat, legt sie sich ganz flach mit dem Rücken aufs Wasser und bewegt ihre Arme und Beine in kleinen Bewegungen regelmäßig hin und her. Wie in eine Wolke aus Wasser gehüllt liegt sie da, schließt ihre Augen und hört auf das Gluckern des Wassers um sich herum. Ihr Mann sagt immer, dass Maria eine richtige Wasserratte sei. Und ehrlich gesagt ist da auch etwas dran. Hier kann sie ganz bei sich sein. Sie spürt die tiefe Verbundenheit mit dem Wasser, spürt, wie sie sich entspannt und dass ihre Atmung viel gleichmäßiger wird. Ganz ruhig atmet sie ein und aus – ein und aus.

Maria setzt sich nach dem Schwimmen oft ans Ufer und spielt mit den Füßen im Wasser. In ein großes, weiches Handtuch eingemummelt sitzt sie ganz gemütlich da und wackelt mit den Zehen. Mal macht sie große Spritzer, mal kleinere, mal mit dem rechten Fuß, mal mit dem linken Fuß, und manchmal spritzt sie auch mit beiden Füßen gleichzeitig. Sie genießt es, wenn die kleinen Wassertropfen wieder herunterkommen und ihre Schienbeine benetzen.

Wenn sie einmal auf andere Gedanken kommen möchte, zeichnet sie mithilfe ihrer großen Zehen kleine Kreise auf die Wasseroberfläche. So könnte sie stundenlang dort sitzen und dem Wasser zusehen, wie es sich bewegt und seine Kreise zieht. Ganz ruhig sitzt sie da, atmet gleichmäßig ein und aus und spürt, wie leicht ihre Schultern auf einmal werden. So, fest mit der Natur verbunden, kann sie ihren Gedanken freien Lauf lassen.

Am liebsten ist Maria aber immer noch im Wasser. Wenn sie das Wasser um sich herum spürt, fühlt sie sich gleich gut aufgehoben und geborgen. Sie dreht ihre letzte Runde, spürt noch einmal das sanfte Gefühl des Wassers auf ihrer Haut, merkt, wie leicht ihr die Bewegungen der Arme und Beine fallen und wie sie elegant und fast schwerelos durchs Wasser gleitet. Zufrieden legt sie sich noch einmal auf den Rücken, sie fühlt sich frisch, unbeschwert und entspannt …

ERDBEEREN MIT SCHLAGSAHNE

Ulla ist Köchin mit Leib und Seele. Besonders das Obst und das Gemüse aus ihrem eigenen Garten haben es ihr angetan. Fast täglich freut sie sich ab dem Frühjahr auf die neue Ernte. Wenn Erdbeerzeit ist, geht sie besonders gerne in den Garten. Die frischen Erdbeeren duften so herrlich – diesen einzigartigen Duft kennt sie noch ganz genau aus Kindertagen. Die Leidenschaft fürs Gärtnern hat sie nämlich von ihrer Oma, das ist sonnenklar. Ihre Oma hat sie früher bei Wind und Wetter mit in den Garten genommen und ihr die Geheimnisse der Gartenkunde erklärt – auch, wie man eine reiche Ernte an gesunden, aromatischen Erdbeeren erhält.

Ulla erinnert sich noch ganz genau, wie es war, als sie das erste Mal eine Erdbeere in der Hand gehalten hatte. Die zarte Hülle mit den kleinen Samen hatte sie fasziniert, und sie war ganz vorsichtig mit dem Früchtchen umgegangen. Ihre Oma hatte ihr erklärt, dass die Erdbeeren sehr leicht Druckstellen bekommen und so schneller verderben. Also hatte sie auf die zarte Haut acht gegeben.

So auch heute Vormittag, als sie in ihren Garten geht, um die reifen Erdbeeren zu pflücken. Die Pflanzen sind schon wieder von dem Duft reifer Erdbeeren umgeben. Vorsichtig fasst sie unter die Blätter und greift ganz behutsam mit der rechten Hand nach den Erdbeeren. Sie muss sie nur leicht drehen, schon hat sie die Früchte in der Hand. Die Blätter der Pflanze kitzeln sie ein wenig.

Ulla wäscht die Erdbeeren in der Küchenspüle mit Wasser ab. Ganz vorsichtig reibt sie mit ihren Fingern die Erde ab und spürt dabei die kleinen Samen auf den Erdbeeren. Sie viertelt die Erdbeeren auf dem Schneidebrettchen. Auch innen sind die Erdbeeren fast knallrot, und bei jedem Schnitt tropft ein bisschen Erdbeersaft die Klinge hinunter. Ulla probiert ein Tröpfchen – der Saft schmeckt fruchtig und süß, lecker! Gleich nimmt sie auch ein Stück Erdbeere und beißt genüsslich hinein. Die Frucht hat genau den richtigen Biss, nicht zu weich und nicht zu fest und schmeckt richtig gut! „Da muss ich gar nicht mehr nachsüßen", denkt sie und schneidet auch die restlichen Erdbeeren in Viertel. Sie gibt die kleinen roten Stückchen in eine Schüssel und legt einen großen Löffel hinein. Dann bereitet sie eine Schale Schlagsahne vor und deckt den Tisch.

Erdbeeren mit Schlagsahne – das wird ein festlicher Nachtisch!

DIE MUSCHEL IM SAND

Du liegst auf einem weichen Handtuch im Sand. Auf deinen Armen spürst du eine angenehme Wärme. Die Sonne scheint auf deine Haut und hinterlässt ein wohliges Gefühl.

In der Ferne hörst du ein leises Wellenrauschen. Du ahnst, dass das Meer gar nicht weit weg ist. Langsam drehst du deinen Kopf nach rechts und siehst, wie in der Ferne die Wellen gemächlich auf den Strand laufen.

Du spürst einen leichten Wind auf deiner Haut. Auch er ist angenehm warm. Von irgendwoher kommt der Schrei einer Möwe. Du blickst zum Himmel und beobachtest, wie die Möwe sich scheinbar ohne Anstrengung vom Wind treiben lässt.

Deine Hände liegen ganz ruhig im warmen Sand. Du lässt den feinen Sand vorsichtig durch deine Finger rieseln. Er fühlt sich ganz weich an. Du gräbst deine Hände langsam tief in den Sand hinein, bis sie vollkommen mit Sand bedeckt sind. Du spürst, dass der Sand dort unten viel kühler ist als noch gerade eben auf der Oberfläche. Du genießt die angenehme Kühle.

Während du deine Hände langsam wieder nach oben wandern lässt, berühren deine Finger eine Muschel. Du nimmst sie mit an die Oberfläche. Sogleich spürst du wieder die warmen Sonnenstrahlen auf deinen Händen.

Du nimmst die Muschel in beide Hände und tastest die Rundungen an den Seiten ab. Sie sind ganz glatt. Auch die Oberfläche ist glatt. Die Schale ist sehr dünn. Einen Moment lang hältst du die Muschel fest in deinen Händen. Du spürst, dass auch sie jetzt ganz warm wird. Du legst die Muschel in den Sand – behutsam, damit ihre Schale nicht zerbricht. Dann verabschiedest du dich von der Muschel. Du lässt noch einmal den Sand durch deine Finger rieseln und schaust dir ein letztes Mal das Spiel der Wellen an.

Du atmest tief ein und aus. Deine Arme und Beine fühlen sich leicht an. Du fühlst dich zufrieden, ausgeruht und erfrischt. Wenn du bereit bist, öffne langsam wieder deine Augen …

IM WEICHEN GRAS

Stell dir vor, du liegt auf einer grünen Wiese. Unter dir spürst du das weiche Gras. Ein wenig kitzelt es an deinen Unterarmen. Unter deinen Handflächen fühlt es sich aber angenehm weich an …

Deine Augen sind geschlossen. Auf deinen Wangen spürst du die warmen Sonnenstrahlen. Du atmest ganz ruhig ein und aus.

Du nimmst einen süßlichen Duft wahr, der dir bekannt ist. Du empfindest ihn als angenehm und überlegst, an was er dich erinnert. Dann hast du ein Bild vor Augen. Das Bild einer Erdbeere – rot, glänzend und zum Anbeißen schön. Dein Blick geht nach rechts. Neben dir ist ein Erdbeerfeld mit unzähligen knallroten Erdbeeren, die darauf warten, gepflückt zu werden. An einigen Pflanzen befinden sich noch weiße Blüten, die so manche Hummel anlocken.

Eine Weile betrachtest du die Hummeln und siehst ihnen bei ihrer emsigen Arbeit zu. Dann schließt du erneut die Augen und konzentrierst dich auf den Duft des Frühlings in der Luft. Um dich herum ist es fast still. Du nimmst nur einen leichten Wind wahr und hörst das Summen der Hummeln.

Dann legst du dich auf die Seite und berührst mit deiner rechten Hand eine der Erdbeeren in dem Beet. Sie fühlt sich weich an, ihre Haut ist aber trotzdem fest. Mit deinem Daumen fährst du vorsichtig über die Samen außen auf der Schale.

Du umschließt die Erdbeere mit deiner Hand – nicht zu fest, aber so, dass du sie rundum von allen Seiten spüren kannst. Sie fühlt sich ganz gleichmäßig geformt an. Du beschließt, der Erdbeere noch ein wenig Zeit zu geben, und lässt sie langsam wieder los. Du legst die Hand auf deinen Bauch und betrachtest noch einmal die Erdbeeren.

Du nimmst das kräftige Rot der Früchte und das saftige Grün der Pflanzen wahr. Du schaust sie dir noch einmal genau an und schließt dann wieder die Augen. In Gedanken versuchst du sie dir ganz genau vorzustellen.

Dann verabschiedest du dich von den Erdbeeren. Du spürst noch einmal das frische, weiche Gras unter dir und streichst mit den Händen darüber.

Du atmest einmal tief ein und aus. Du fühlst dich ruhig, ausgeruht und entspannt.

WALD

Heinz setzt sich auf einen Baumstumpf und streckt seine Beine aus. „Dafür, dass der Baum nicht gepolstert ist, sitzt es sich hier recht bequem …“, denkt er sich und muss innerlich schmunzeln. Dann streckt er einmal alle viere von sich. Er spürt, dass die Dehnung seinem Körper guttut. Seine Muskeln in den Armen und Beinen fangen an, sich zu entspannen. Heinz atmet langsam ein und aus. Um ihn herum ist es mucksmäuschenstill. Man hört lediglich ein paar Vögel zwitschern, die oben in den grünen Baumkronen sitzen. Heinz schaut hinauf, kann aber keins der Tiere sehen.

Es duftet nach Laub, feucht aber noch nicht modrig. Die Blätter der Bäume bewegen sich ganz leicht im seichten Wind. An einigen Baumspitzen kann man erkennen, dass es langsam Herbst wird. Heinz schaut sich um. Er fühlt sich sehr wohl an diesem ruhigen Plätzchen. Und obwohl rings um ihn herum Bäume stehen, hat er gerade das Gefühl, unendlich frei zu sein. Noch einmal atmet er die frische Waldesluft ganz bewusst ein. Es fühlt sich gut an. Heinz spürt, dass sein Körper dadurch neue Kraft bekommt.

Er steht auf und geht ein paar Schritte. Das Laub raschelt unter seinen Füßen. Wenn man genau hinhört, klingt jeder Schritt dabei etwas anders. Heinz konzentriert sich auf die

Geräusche. Mit jedem Schritt fällt eine kleine Last von ihm ab, die ihn sonst tagtäglich – mal mehr und mal weniger – begleitet. Die Sorgen des Alltags scheinen völlig vergessen. Heinz spürt eine große Erleichterung auf seinen Schultern. Es fühlt sich an, als würden die Bäume des Waldes ihm einen Teil seiner Sorgen abnehmen. Gleichmäßig und ganz ruhig atmet er ein und aus. Seine Schultern werden lockerer, und er spürt, wie sich ein leichtes, befreites Lächeln über sein Gesicht legt.

Seine Arme sind nun ganz leicht. Gemütlich schlendert er den Waldweg entlang, schaut sich das satte Grün der Bäume und Sträucher an und genießt die frische Waldluft. Er fühlt sich so wohl, dass er unwillkürlich beginnt, leise sein Lieblingslied zu summen. Er hört erst auf zu summen, als er in einigen Metern Entfernung einen Igel entdeckt. Der Igel ist gerade auf Futtersuche und spaziert gemächlich durch die Blätter, die am Boden liegen. Mit seiner Nase schnüffelt er zielgerichtet nach etwas Essbarem und lässt sich dabei von nichts und niemandem aus der Ruhe bringen. Heinz muss schon wieder schmunzeln und denkt: „Der kleine Kerl macht es richtig …“ Ganz langsam und vorsichtig geht er an dem Igel vorbei und verabschiedet sich leise.

Beim nächsten Einatmen schaut Heinz noch einmal in die prächtigen Baumkronen und verharrt einen Moment. Er fühlt sich hier im Wald sicher und geborgen. Hier hat er das

Gefühl, seine Sorgen des Alltags für einen kurzen Augenblick abgeben zu können. Und er spürt, wie gut ihm das tut. Noch eine Weile lässt er sich die laue, frische Luft um die Nase wehen und macht sich dann gestärkt, zufrieden und entspannt durch das raschelnde Laub auf den Heimweg …

HÜHNERSUPPE

Setz dich gemütlich hin und such dir eine bequeme Position für deine Arme und deine Beine. Wenn du möchtest, kannst du die Augen schließen.

Stell dir vor, es ist ein kalter Tag. Du hast beschlossen, dir einen großen Topf Hühnersuppe zu kochen. Als Erstes nimmst du das Suppenhuhn. Es ist mit einem Band zusammengebunden. Du entfernst vorsichtig das Band. Du gehst mit dem Suppenhuhn zur Spüle und wäschst es gründlich ab. Du spürst, wie das lauwarme Wasser über das Huhn und über deine Hände läuft. Du legst das Huhn in den großen Suppentopf. Nun suchst du dein Lieblingsschälmesser heraus. Du schälst die Zwiebeln, den Sellerie und die Möhren. Blättrig und trocken fallen die Schalen von der Zwiebel ab. Du zerteilst den Lauch in zwei Hälften und das Gemüse in kleine Stücke. Das Messer liegt in deiner Hand, und es bewegt sich fast wie von selbst bei dieser vertrauten Tätigkeit. Immer, wenn das Messer auf dem Brettchen aufkommt, macht es leise „klack“.

Weiß, grün und orange, so liegt das Gemüse vor dir. Die Farbenvielfalt strahlt Frische und Natürlichkeit aus. Das Gemüse wandert in den Topf. Die Griffe des Topfes fühlen sich noch kalt an, als du den Topf zum Waschbecken trägst. In einem festen und gleichmäßigen Strahl läuft das Wasser aus dem Wasserhahn in den Topf. Du drehst das Wasser mit langsamen und festen Handbewegungen ab, als das Huhn und das Gemüse in dem Topf vollständig mit Wasser bedeckt sind. Aus deinem Gewürzschrank holst du ein paar Nelken. Die Nelken riechen intensiv-würzig und ein kleines bisschen süßlich. Ein paar Pimentkörner holst du auch noch aus dem Gewürzschrank. Die Pimentkörner riechen ein bisschen pfeffrig und haben eine leichte Zimtnote. Du gibst die Gewürze in den Topf und beobachtest einen Moment, wie sie auf der Wasseroberfläche schwimmen.

Nun muss das Huhn kochen. Du stellst den Herd an und wartest, bis das Wasser sanfte Blasen wirft. Du atmest tief ein und aus. Du nimmst den Geruch der köchelnden Hühnersuppe in dich auf, und dir läuft das Wasser im Mund zusammen. Du wartest einfach nur ab. Du atmest. Du genießt den Geruch der Suppe. Du genießt die Wärme, die der Suppentopf ausstrahlt.

Nach zwei Stunden ist die Suppe fertig gekocht. Die nimmst einen Schaumlöffel und schöpfst den Schaum vorsichtig von der Suppe ab. Jede kleine weiße Blase erwischst du und entfernst sie von der Suppe. Mit dem Ergebnis bist du sehr zufrieden. Du schaust in den Topf und siehst eine wunderbare, klare, gold-gelbe Brühe. Du entscheidest dich, die Brühe schon einmal zu probieren. Mit einem Schöpflöffel füllst du dir etwas von der klaren Brühe in eine Tasse. Die Tasse fühlt sich warm an in deiner Hand. Du führst die Tasse zu deinem Mund. Die warme Brühe fließt in deinen Mund, und der wunderbare Geschmack löst ein Gefühl der Geborgenheit in dir aus. Die Wärme der Suppe strömt durch deinen Körper. Du fühlst dich wohl. Du fühlst dich zufrieden. Die Suppe wird dir Kraft für den Tag geben.

HEISSER KAKAO

Gisela hat einen Spaziergang gemacht und kommt wieder in die schöne, warme Wohnung. Sie lässt das kalte, ungemütliche Wetter draußen und erfreut sich an der Heimeligkeit ihrer vier Wände. Sie zieht die Jacke aus, atmet tief ein und spürt, wie die Wärme ganz langsam durch ihren Körper fließt.

Nachdem sie auch ihre Schuhe abgestreift hat, geht sie langsam und gemütlich in die Küche. Dort öffnet sie den Küchenschrank und holt einen kleinen silbernen Topf mit einem langen Stiel heraus. Sie streicht mit den Fingern über den Stiel des Topfes und spürt das kalte Metall auf ihrer Haut. Sie öffnet den Kühlschrank, nimmt die Milch heraus und gießt sie langsam und bedächtig in den Topf. Die Milch fließt in einem breiten Strahl und bedeckt erst den Boden des Topfes, kurz darauf füllt sie den kleinen Topf beinahe ganz aus. Ein bisschen Milch gibt Gisela in eine Tasse. Mit einem Löffel fügt sie etwas Kakaopulver und Zucker hinzu und rührt das Ganze um.

Im Topf fängt die Milch nun allmählich an zu dampfen. Der Geruch der warmen Milch steigt Gisela in die Nase, die Milch riecht wunderbar süßlich und ein ganz kleines bisschen nach frischem Heu. Mit geübtem, gleichmäßigem

Kreisen führt Gisela einen Schneebesen durch die dampfende Milch und rührt das Milch-Kakao-Zucker-Gemisch vorsichtig unter. Der braune Strudel breitet sich in der Milch aus und färbt schon bald die gesamte Milch in einem wunderschönen Braunton. Gisela schaltet den Herd ab. Der Kakao ist fertig und verströmt einen lieblich-warmen Geruch.

Gisela läuft das Wasser im Mund zusammen. Ganz langsam gießt sie die schokoladenbraune Milch in die Tasse und freut sich zu sehen, wie der Kakao das Gefäß füllt. Vorsichtig nimmt sie die gut gefüllte Tasse in beide Hände. Die Wärme des Kakaos fühlt sich wunderbar an ihren immer noch leicht kalten Händen an.

Sie setzt sich in ihren großen, bequemen Ohrensessel und kuschelt sich an ihr flauschig weiches Lieblingskissen. Ganz gemächlich und bedacht führt sie die Tasse mit beiden Händen zum Mund. Sie nimmt den ersten Schluck und freut sich über die Geschmacksvielfalt des Kakaos. Ihre Zunge ist begeistert von dem karamellig sahnigen Geschmack. Mild, cremig und doch aromatisch, so schmeckt dieses wunderbare Getränk. Sie genießt jeden Schluck. Sie nimmt den Geschmack mit all seinen Elementen in sich auf. Sie spürt und genießt die Wärme, die durch ihren Körper fließt. Sie spürt die Energie und die Geborgenheit, die der Kakao ihr schenkt.

Gisela schließt die Augen für einen Moment. Sie ist erfüllt von Geborgenheit. Sie fühlt sich entspannt und ruhig. Sie genießt den Augenblick und ist voll im Hier und Jetzt. Gisela öffnet die Augen wieder. Sie fühlt sich wach, erfrischt und zufrieden.

KAMINABEND

Marita kuschelt sich gemütlich in ihren Schaukelstuhl. In ihrem Rücken spürt sie das große weiche Kissen, das sich angenehm anschmiegt. Sie legt ihre Unterarme auf die Armlehnen und spürt, wie sie sich auf einmal viel leichter anfühlen. Marita schließt ihre Augen für einen Moment und atmet tief ein und aus.

Nach einer Weile öffnet sie die Augen wieder. Sie spürt, wie es um sie herum wärmer wird. Marita schaut zum Kamin. Die Flammen bewegen sich ganz ruhig und gleichmäßig. An einigen Holzscheiten beobachtet sie ein bisschen Glut, aus der immer wieder einzelnen Funken emporsteigen. Es sieht fast so aus, als würden die Funken kleine Tänzchen miteinander aufführen. Fasziniert sieht sie sich das Schauspiel an. Marita spürt, wie sie ruhiger wird. All die Anstrengungen des Alltags scheinen für einen Moment vergessen zu sein. Die Kälte, die gerade noch ihre Arme und Beine durchzog, ist vollkommen verflogen. Zufrieden legt sie die Hände in ihren Schoß und beobachtet das gleichmäßige Flackern der Flammen. Das Wohnzimmer ist in ein sanftes, warmes Licht gehüllt. Marita fühlt sich gerade sehr, sehr wohl.

Aus den Augenwinkeln kann sie sehen, dass sich draußen hinter dem Fenster etwas bewegt. Sie schaut zur Seite. Weiße dicke Schneeflocken rieseln ganz langsam auf die Erde. Es hat wieder zu schneien begonnen. Marita beobachtet, wie sich einige Schneeflocken auf die Fensterscheibe setzen und dann ganz langsam hinunterrutschen. „Wie kleine Sterne, die uns vom Himmel aus besuchen kommen …“, denkt Marita und kann sich an den kleinen glitzernden Kristallen gar nicht sattsehen. Sie spürt, dass ihr die Ruhe guttut – und wie das flackernde Feuer im Kamin und die wunderschönen Schneeflocken sie verzaubern. Bei jedem Atemzug entspannt sich ihr Bauch ein wenig mehr. Marita merkt, dass sie nun tiefer Luft holen kann. Ganz bewusst atmet sie einige Male tief ein und aus.

Maritas Blick wandert zurück zum Kamin. Das Feuer strahlt eine wohlige Wärme aus, auch wenn die Flammen mittlerweile kleiner geworden sind. Aus der Glut springen hin und wieder noch einzelne Funken empor, die bald darauf wieder sanft zu Boden fallen. Marita legt sich eine leichte Decke über die Beine. Sie mag dieses vertraute Gefühl sehr. Der weiche Stoff fühlt sich gut an, behutsam streicht sie mit ihren Händen darüber.

Mit der rechten Hand greift sie nach ihrer Tasse, die auf dem kleinen Tisch neben ihr steht, und führt sie langsam zum Mund. Vorsichtig prüft sie, ob sie ihren Tee schon trinken kann. Auf der Zunge spürt sie, dass er zwar noch sehr warm, aber keinesfalls mehr heiß ist. Sie nimmt einen Schluck und lässt sich den Geschmack auf der Zunge zergehen. Sofort breitet sich ein warmes Gefühl in ihrem Bauch aus.

Noch einmal schaut Marita aus dem Fenster. Die Schneeflocken rieseln leise vor sich hin. Das Feuer im Kamin knistert und flackert ganz gleichmäßig. Dann schließt sie ihre Augen. Sie fühlt sich zufrieden, ausgeruht und entspannt …

WEIHNACHTSSPAZIERGANG

Rosa und Lutz gehen langsam über die Straße. Um sie herum ist alles still. Die Autos in der schmalen Straße stehen allesamt geparkt am Straßenrand. Jetzt sind wohl nur noch die wenigsten mit dem Auto unterwegs. Es ist Heiligabend. Spät. Die Kinder und Enkel sind schon nach Hause gegangen. „Die Kleinen waren aber müde!“, denkt sich Rosa im Stillen und geht mit einem zufriedenen Lächeln im Gesicht neben Lutz her. Er hält ihre Hand. Rosa spürt, wie angenehm warm seine Hand ist und wie auch ihre Hand allmählich immer wärmer wird. In ihr macht sich ein wohliges Gefühl breit. Sie schmiegt ihre Schulter an seinen Arm.

Die Luft ist kalt, aber trocken. Es riecht nach Schnee. Rosa und Lutz atmen ganz bewusst tief ein und aus, als wollten sie die frische Luft in sich aufsaugen. Der Schnee, der über den Tag gefallen ist, knirscht leise unter ihren Fußsohlen. Der Weg vor ihnen ist noch unberührt. Während der Bescherung hatte es noch mal kräftig zu schneien angefangen, seitdem war wohl niemand mehr hier entlanggegangen. Mit der weißen Decke sieht alles so friedlich aus. Wenn man genau hinschaut, kann man die Schneekristalle im sanften Licht der Straßenbeleuchtung glitzern sehen.

Rosa und Lutz schlendern ganz gemütlich an den Häusern vorbei. Sie sind froh, dass sie einen so schönen Abend im Kreis ihrer Familie hatten. Rosa hat noch immer das Bild vor Augen, wie die drei Enkel unter dem festlich geschmückten Weihnachtsbaum saßen und ihre Geschenke auspackten.

Sie spürt den Schnee unter ihren Füßen. Rosa mag das Gefühl, sie möchte dann immer ganz vorsichtig gehen, um möglichst wenig Abdrücke zu hinterlassen. Noch einmal atmet sie die frische Luft ganz tief ein. Es fühlt sich an, als würde die gute Luft in jede einzelne Zelle ihres Körpers gelangen. In ihr macht sich eine tiefe Zufriedenheit breit.

Lutz schaut auf seinem Weg durch den weißen glitzernden Schnee in die Häuser hinein, an denen sie vorbeigehen. Fast überall strahlen ihm die Lichter der Weihnachtsbäume aus den Stuben entgegen. Es sieht alles so festlich aus. Diese Bilder könnte er sich stundenlang ansehen. Heute, am Heiligen Abend, sehen die Häuser besonders schön aus. In den Fenstern stehen die beleuchteten Schwibbögen. Detailverliebt schaut sich Lutz die vielen verschiedenen Motive an. Auch seine Eltern hatten früher einen Schwibbogen zu Hause. Wenn er an Weihnachten durch die Straßen läuft und sich in Ruhe die beleuchteten Fenster ansieht, dann wird ihm ganz warm ums Herz. Und dann denkt er an die vielen zauberhaften und unbeschwerten Weihnachtsfeste, die er in seiner Kindheit verbringen durfte.

Lutz drückt die Hand seiner Rosa ganz fest. Auch er fühlt sich heute so zufrieden und entspannt wie lange nicht mehr. So gehen die beiden noch eine Weile Hand in Hand die Straße entlang und erfreuen sich an den schneebedeckten Häusern und Gärten und den vielen Lichtern, die durch die geschmückten Fenster schimmern …

FEUERWERK IN WEITER FERNE

Stell dir vor, du bist auf einer kleinen Berghütte. Es ist Silvester und du hast dich bewusst entschieden, die Nacht fernab des Trubels zu verbringen. Die Sonne ist schon lange untergegangen, und Mitternacht ist nicht mehr weit. Du möchtest das neue Jahr ganz entspannt und in Ruhe begrüßen.

In der Hütte steht ein großes, gemütliches Sofa, auf das du dich setzt. Du spürst, wie das weiche Kissen unter dir nachgibt, und nimmst dir eine flauschige Decke, in die du dich einkuschelst. Auf deiner Haut fühlst du die samtige Decke und bist froh, dass es hier in der Hütte so schön warm ist. Die Wärme durchströmt deinen Körper und breitet sich in dir aus. Du spürst die Wärme in deinen Füßen, in deinen Beinen, in deinem Bauch und deinem Rücken, in deinen Armen und deinen Händen. Du spürst auch, wie die Wärme in deine Wangen fließt und dich mit einem ganz besonderen Gefühl der Geborgenheit erfüllt.

Draußen vor dem Fenster siehst du einzelne Schneeflocken fallen. Die Schneeflocken sehen ein bisschen aus wie kleine Wattebäusche, die sich ihren Weg auf die Erde suchen. Ab und zu setzt sich eine kleine Flocke an die Fensterscheibe, durch die du nach draußen schaust. Die Flocke sieht aus wie ein kleiner Stern.

Dann ist es auf einmal so weit. Ganz gedämpft, in weiter Ferne, hörst du eine Glocke schlagen: einmal, zweimal, dreimal, viermal, fünfmal, sechsmal, siebenmal, achtmal, neunmal, zehnmal, elfmal, zwölfmal. Das neue Jahr ist da. Es tritt ganz sacht und unscheinbar seinen Dienst an. Du entschließt dich, aufzustehen und zum Fenster zu gehen. Auch im Tal hat das neue Jahr begonnen. Du siehst, wie weit weg das neue Jahr mit einem Feuerwerk begrüßt wird. Der schwarze Himmel wird in ein Farbenmeer getaucht. Gerade haben sich drei Feuerwerksraketen gleichzeitig ihren Weg zum Himmel gesucht. Nun lösen sich die Raketen auf. Sie verwandeln sich in kleine goldene Glitzerpunkte, die sich kreisförmig verteilen und ihren Glanz ausstrahlen.

Du betrachtest die Glitzerpunkte und nimmst genau wahr, wie sie sich scheinbar in nichts auflösen. Auf die goldenen Feuerwerksraketen folgen eine grüne und eine rote. Der Zündungsort ist so weit weg, dass du kein einziges Geräusch wahrnimmst. Du freust dich, die Lichter mit Abstand betrachten zu können. Die Feuerwerkskörper lösen sich auf und malen rote und grüne Linien an den schwarzen Himmel.

Das Feuerwerk geht weiter, doch du beschließt, dich wieder auf das Sofa zu setzen. Du genießt die Ruhe in der Berghütte. Du kuschelst dich noch einmal in die flauschig warme Decke ein. Du betrachtest noch einmal die kleinen

Schneeflocken, die vom Himmel fallen. Du erfreust dich noch einmal an den bunten Lichtern des Feuerwerks. Du fühlst dich gestärkt und entspannt. Zuversichtlich gehst du in das neue Jahr.